면접 18계명

면접 18계명

발행일	2019년 1월 2일		

지은이	이 건 정		
펴낸이	손 형 국		
펴낸곳	(주)북랩		
편집인	선일영	편집	오경진, 권혁신, 최승헌, 최예은, 김경무
디자인	이현수, 김민하, 한수희, 김윤주, 허지혜	제작	박기성, 황동현, 구성우, 정성배
마케팅	김회란, 박진관, 조하라		
출판등록	2004. 12. 1(제2012-000051호)		
주소	서울시 금천구 가산디지털 1로 168, 우림라이온스밸리 B동 B113, 114호		
홈페이지	www.book.co.kr		
전화번호	(02)2026-5777	팩스	(02)2026-5747
ISBN	9979-11-6299-473-3 13320 (종이책)		979-11-6299-474-0 15320 (전자책)

이 도서의 국립중앙도서관 출판예정도서목록(CIP)은 서지정보유통지원시스템 홈페이지(http://seoji.nl.go.kr)와 국가자료공동목록시스템(http://www.nl.go.kr/kolisnet)에서 이용하실 수 있습니다. (CIP제어번호: CIP2018041729)

면접의 신이 알려주는

면접 18계명

이건정 지음

북랩 book Lab

머리말

세상에 태어나 사회생활을 마칠 때까지, 직업을 선택하려는 사람은 수많은 면접을 접하게 되고, 국가기관, 지방자치단체, 공기관 또는 기업체 인사담당자는 수많은 지원자 중 해당 기관에 적합하고 유능한 인재를 선발하고자 심리학자, 대학교수, 전문면접관 또는 해당 기관의 경력자를 면접위원으로 선발하여 채용에 심혈을 기울이는 게 현실이다.

　면접자는 면접위원의 질문이나 심층질문에 바르고 정확한 답변을 하여야 면접에서 살아남아 최종합격의 영예를 안을 수 있고, 면접기관 담당자는 면접자의 스펙에 대한 정확한 검증, 면접자가 감추고 있는 속마음, 습관, 행태 등을 정확히 집어내야 각 기관에 유능한 인재를 선발할 수 있다.

본서는 그동안 인재를 선발하며 사용하지 않았던 관상, 속마음, 필자가 수년간 수사관 생활을 하면서 조사했던 사람들의 심리, 면접관을 하면서 경험했던 내용을 종합하여 게재하였다.

면접자에게는 면접관의 창을 막아내어 최종합격의 희망을 주는 방법을 소개하고, 면접관에게는 유능한 인재를 선발할 수 있는 비결을 안내하는 지침서가 되었으면 한다.

목차

수험생에게

면접 18계명

01

깨끗하고
단정한
옷차림

소개팅이나 비즈니스상 사람을 만나게 되면 제일 먼저 눈에 띄는 것이 옷차림이다. 소개팅을 나갔는데 김칫국물이 묻은 옷을 입고 나왔다거나 단정하지 못한 옷을 입고 나오게 되면 최소 30% 가까이 마이너스가 된다고 보면 될 것이다.

필자가 면접관으로서 면접자를 접했을 때의 기억을 더듬어 보자. 회사나 공기관, 공무원 등 필기시험 서류전형에 합격하여 최종면접에 오기까지 얼마나 많은 열정을 퍼부었을까. 분명 상상을 초월할 것이다.

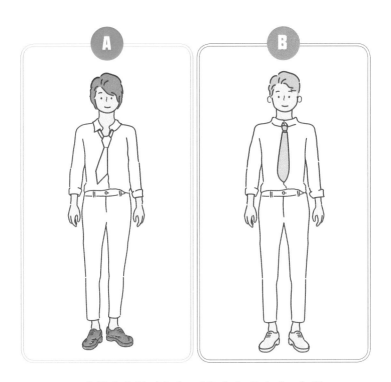

　A 수험생이 들어온다. 걸음걸이, 목소리, 자세는 나무랄 데 없다. 그런데 머리카락으로 이마를 가렸고 귀를 가렸다. 넥타이가 옆으로 흐트러졌고 목에 헐렁하게 메어있다. 구두는 손질을 했는지 알 수 없을 정도로 먼지가 끼어 있다.

　반대로 B 수험생은 잘 빗은 머리에 옷차림, 넥타이와 구두 손질 상태 등 전부 단정하고 깨끗하다.

당신이라면 누구를 뽑을 것인가? 당연히 B이다.

면접관은 수험생이 입실할 때 행한 행동, 머리끝부터 발끝까지의 상태, 퇴실할 때의 태도 등 어느 한 부분 빠뜨리지 않고 살펴본다는 것을 명심하자. 결국 A 수험생은 면접을 시작하면서부터 면접관에게 좋지 않은 인상을 주고 면접을 시작하는 것이다.

본 면접관이 과거에 사건취재 때문에 관계자와 동행을 한 경험이 있다. 당시 동행했던 관계자는 전날 과음으로 인해 입에서 좋지 않은 냄새가 났고 옷은 세탁해서 입었는지 의심이 들 정도로 지저분했다. 당시 필자는 적극적인 취재 협조보다는 빨리 그 상황에서 탈출하고 싶다는 생각 때문에 소극적으로 응했던 기억이 있다.

이렇듯 복장은 면접뿐만 아니라 일상생활에서도 중요하다. 면접 전날 깨끗한 옷과 잘 손질된 신발을 준비하고, 면접장에 들어가기 전에도 옷, 넥타이, 신발까지 다시 한번 확인하는 습관을 들이자. 면접 전에 반복해서 연습하는 것도 한 방법일 것이다.

면접 18계명

02

적절한
긴장이 좋다

긴장에 대한 국어사전적 정의는 "마음 졸이고 정신을 바짝 차림."이라고 나와 있다.

학창시절, 많은 친구 앞에서 과제물을 발표하거나 특정한 주제를 가지고 발표를 한 기억이 있을 것이다. 사회생활을 하면서 청중을 상대로 연설을 하거나 각종 행사에서 사회를 본 기억도 있을 것이다.

반대로 발표를 해보지 않았거나 한두 번밖에 해보지 않은 수험생도 있을 것이다.

A 수험생은 면접관의 요구에 따라 자기소개를 하였다. 그러나 그 후 이어지는 면접관의 질문에 너무 긴장한 나머지 자기의 의견을 표시하지 못하였다.

목소리는 떨고 있으며 몸은 경직되어 있다. 면접관이 일상적인 대화를 유도하며 긴장을 풀어주려고 시도했지만, 여전히 작고 떨리는 목소리로 답변을 하고 긴장한 나머지 면접관의 질문을 이해하지 못하며 나아질 기미가 보이지 않는다.

수험생마다 한정된 시간이 있기에 더 이상의 시간을 줄 수도 없다.

B 수험생은 긴장감이 하나도 보이지 않고 당당하다. 오히려 "면접관님께 제가 들어가고 싶은 이 조직을 위한 말씀을 드려도 될까요?"라며 면접관에게 질문을 던진다. 면접관은 어쩔 수 없이 "예."라고 대답을 한다. 그러자 수험생은 약 2분에 걸쳐 자신이 하

고 싶은 말을 거침없이 쏟아냈다.

　A 수험생은 자기소개까지는 사전에 연습한 대로 잘
했다. 그러나 그 후 이어지는 면접관의 예상치 못한
질문에 당황하면서 긴장한 모습으로 이어진 사례다.
면접에서는 예상되는 질문이 대부분을 차지하기는
하나, 예상치 못한 돌발 질문은 항상 나올 수 있다.
　면접에 들어가기 전에 '나는 잘할 수 있다'라는 생
각을 떠올리며 심호흡을 하고 예상 답변을 반복해
서 생각하면 긴장할 이유가 없을 것이다.
　또한 "면접관은 내 친구다. 내가 합격하면 같이 근
무할 동료들이다. 나는 동료들이 물어보는 질문에
내가 생각하는 답변을 하는 것이다."라는 생각을 잊
지 마라.

　공무원의 경우 근무할 분야에 해당하는 지식은

이미 필기시험 등을 통해 대부분 검증이 되었기에 해당 분야의 전문지식보다는 예상치 못한 질문이나 수험생의 과거를 통해 인성을 검증하는 것이고, 일반 사기업의 경우는 면접을 통해 해당 분야의 전문지식과 인성을 검증하는 것이다.

한편 B 수험생은 너무 나갔다. B 수험생이 면접관을 상대로 질문을 던지는 행동은 수험생을 검증할 면접관에게 예의 없는 모습을 보이는 것이고 면접관의 기분을 상하게 하는 행동이다.

면접관은 수험생을 검증해야 하는 사람이고 수험생은 검증을 받아야 할 대상인데 주객이 전도된 행동을 한 것이다.

따라서 너무 자신에 찬 나머지 면접관에게 질문을 던지는 행동은 삼가는 것이 좋다.

면접 18계명

03

스펙을 과대 포장하지 마라

스펙(specification)의 사전적 정의는 직장을 구하는 사람들 사이에서 학력, 학점, 토익, 점수 따위를 합한 것을 이르는 말이다. 스펙은 수험생 각자 일을 하고자 하는 업종에 따라 상이하다. 통역이 주 업무라면 해당 언어를 능숙하게 구사해야 하고, 범인 검거가 주된 업무라면 체포술 등 무도에 능숙해야 할 것이며, 단순한 사무처리가 주 업무라면 그 업무를 처리할 수 있는 능력을 갖추면 될 것이다.

경찰공무원을 지원한 A 수험생은 자기소개에서 "태권도가 4단이고 대학에 다닐 때 선수 생활을 했다. 어려서부터 남을 돕는 일이 습관이 되어 현재까지 기부단체에 꾸준히 기부하고 있다. 또한 외국어를 잘한다."라는 언급을 하며 자신이 범인을 검거하고 봉사하는 업무에 적합한 사람이라며 어필한다.

경찰공무원을 지원한 B 수험생은 "비록 무도 단증은 없으나 체력점수에서 만점을 받았기에 체력에 자신이 있고, 추후 무도를 연마하여 안전하게 범인을 검거할 수 있도록 최선을 다하겠다. 남을 위해 봉사한 기억이 없으나 입사하면 시민을 위해 봉사하고 약한 자의 편에 서서 봉사를 하겠다."라며 어필한다.

A 수험생이 내세운 내용에 대한 검증을 위해 태권도 4단에 상응하는 품새를 시켜 보았다. 그러나 버벅대며 제대로 하지 못하였다. 기부단체 후원지역을 질문했으나 실제 후원지역과는 다른 지역을 이야

기하였다. 외국어로 지원동기를 말해보라고 했으나 잘하지 못했다.

결국 A가 언급한 태권도 4단이라는 내용, 기부단체에 후원하고 있다는 내용, 외국어를 잘한다는 내용은 면접관에게 신뢰를 주기 어려웠다.

반대로 B 수험생의 경우, 잘 받은 체력점수 외에는 내세울 것이 없으나 적어도 면접관이 B 수험생에 대한 신뢰는 버리지 않을 것이다.

여러분이 면접관이라면 어느 수험생을 선택할 것인가? 당연히 B 수험생을 선택할 것이다.

채용 분야에 대한 스펙이 면접에서 중요하기는 하나 검증이 어려운 스펙이나 면접관이 검증할 때 그 내용에 걸맞은 실력을 보여주지 못한다면 면접관에게 좋은 점수를 얻을 수 없고 오히려 마이너스가 된다는 사실을 기억해야 한다.

따라서 자소서나 자기소개를 할 때는 검증이 가능한 스펙만을 소개하고 면접관이 검증을 요구할 때 능숙하게 보여줄 수 있어야 한다.

면접 18계명

O**4**

거짓을
말하지 마라

면접관은 수험생을 상대로 채용 분야에 대한 것이나, 자기소개서에 나와 있는 내용, 적성검사 결과에서 부정적으로 나타난 내용에 대해 집중적으로 질문을 한다.

채용 분야에 대한 질문은 해당 분야에 대한 전문적인 지식을 질문하는 것이므로 여기에서는 언급을 생략한다.

자기소개서에 나와 있는 다양한 내용은 검증이 불가피하므로 검증이 가능한 내용을 쓰도록 하고, 검증이 불가한 내용이나 검증 시 거짓임을 알 수 있는 내용을 작성하는 것은 오히려 역효과가 나올 수 있다.

자기소개서, 일명 자소서의 경우 사전제출을 요구하는 기관이 있는가 하면 면접일에 일정한 주제를 주고 제한된 시간 안에 작성하게 하여 제출을 받는 기관도 있다.

사전제출을 하는 경우 모범 자소서를 모방하거나 자소서를 전문적으로 작성해주는 업체 등을 찾아가 돈을 지급하고 들어가고자 하는 기관에 적합한 자소서를 받아 오기도 하는 것이 현실이다.

사전에 자소서를 작성하여 제출하는 경우 수험생이 직접 경험한 과거의 사실을 언급하는 것이 중요하고 검증이 가능한 자격증을 언급하는 것이 중요하다. 수험생을 상대로 어느 누가 검증을 하더라도 자신 있게 답변을 할 수 있어야 하고 즉시 확인이 가능해야 한다.

　면접일에 일정한 주제를 주고 제한된 시간 안에 자소서를 작성하여 제출을 요구하는 경우에는 당황하지 말고 신중하게 생각한 다음 한 자 한 자 정성을 다해서 작성하되 전체적으로 짧지 않게 작성하는 것이 좋다.

　수험생이 작성하여 제출한 답안지를 보면 성의 없이 2~3줄을 작성하여 제출한 수험생, 주제와는 전혀 다른 답안을 작성하여 제출한 수험생, 오타가 나거나 문단이 어색한 경우 보이지 않게 끄적여 제출하는 수험생, 주제에 맞게 적당한 분량으로 꼼꼼히 작성하여 제출한 수험생 등 다양하다.

　만약 당신이 면접관이라면 어느 수험생에게 좋은 점수를 주겠는가?

적성검사결과나 각종 자료를 통해 준법정신이 저조한 것으로 나오면 면접관은 살아오며 법규를 위반한 사실이 있는지, 있다면 어떤 법규를 위반했는지를 묻게 된다.

위 질문에 대해 A 수험생은 살아오며 법규를 위반한 사실이 한 번도 없으며 항상 규정을 지키며 살아왔다고 답한다.

이에 반해 B 수험생은 가벼운 법규위반을 어쩌다 몇 번 했으나 잘못된 행동이라는 생각이 들어 반성한 적이 있으며 성인이 되고 나서는 항상 법규를 준수하며 살아왔다고 말한다.

면접을 보러 오는 순간까지 한 번도 법규를 위반해본 적이 없다는 A 수험생의 답변을 사실이라고 볼 수 있을까? 물론 살아오며 단 한 번도 사소한 위반을 하지 않은 경우도 간혹 있을 수 있으나 대체로 가벼운 법규위반, 예를 들면 무단횡단, 휴지투기, 꽃을 꺾는 행위 등은 한 번 정도 해본 경험이 있을 것이다.

인생을 살아오며 누구나 한 번쯤은 가벼운 법규를 위반할 수 있는 내용에 대해 한 번도 위반한 사실이 없다고 답변한 A 수험생과, 위반한 사실이 몇 번 있었으나 지금은 항상 지키려고 노력하고 있으며 현재는 위반하지 않는다는 B 수험생이 있다면 어떤 수험생에게 더 좋은 점수를 주겠는가?

아마도 B 수험생일 것이다.

면접 18계명

05

인내하라

필기시험, 체력시험, 적성검사를 마친 후 최종면접을 남겨 놓은 수험생이 있고, 서류전형에 합격한 후 1차, 2차 면접을 남겨 놓은 수험생이 있다. 어느 경우가 됐건 채용기관에 적합한 인재를 선발하는 것은 대단히 어려운 문제다.

필기시험 등을 거친 경우에는 이미 그 수험생이 가지고 있는 실력은 검증된 것이므로 채용기관에 적합한 인성, 위기대처능력 등에 대해 면접을 통해 어떻게 확인할 것인지가 문제가 되고, 필기시험 등의 단계 없이 서류전형에 합격한 경우에는 면접을 통해 그 수험생의 실력, 위기대처능력, 인성을 검증하는 것이 문제로 남는다.

수험생을 채용하려는 기관이 일반 회사가 됐건 공공기관이 됐건 간에 일반적인 면접, 예를 들면 입사 동기, 상황면접, 자라온 환경, 과거 경험한 사례 등으로 수험생의 위기대처 능력, 순발력, 판단력, 인내력을 검증하기는 어렵다.

그들은 이미 기존 면접에서 활용된 기법, 면접 시 질문하는 내용 등에 대해 사설 기관 등을 통해서 수없이 반복하여 연습하고 면접에 임했기 때문이다.

면접관들은 이런 수험생의 내면에 대한 검증을 위해 과거 압박 면접이라고 불렸던 심층 면접기법을 즐겨 사용한다.

수험생의 약점, 황당한 질문, 다양한 상황 등을 제시하여 수험생을 흥분시키고 단점을 집요하게 파고들어 자세를 흐트러지게 함으로써 수험생의 참모습을 확인할 수 있기 때문이다. 다음에 제시한 사례를 보자.

A 수험생은 자신이 유명한 대학을 나와 전공과 관련 있는 회사에서 흡족하지는 않지만 적절한 연봉을 받으며 생활했다. 그러나 무언가 새로운 길을 택하고 싶었고 시민에게 봉사하는 사람이 되고 싶어 공공기관에 지원했다는 포부를 밝혔다.

이에 대해 면접관은 "혹시 회사에서 해고된 것이 아니냐", "왜 그렇게 생각이 짧냐", "회사에서 받은 급료의 절반밖에 받을 수 없는데 생활이 가능할 것이라고 보느냐", "전공을 살리지 않을 거면 뭐하러

대학에 갔느냐."는 등의 질문을 집요하게 하고 때로
는 수험생의 말꼬리를 집요하게 물고 늘어져 수험생
을 흥분하게 하였다. 처음에는 침착하게 답변을 했
던 수험생이 어느 순간 흥분하여 얼굴이 상기되고
답변을 제대로 하지 못하게 되었다.

B 수험생은 면접관의 위와 같은 질문에 흥분하지 않고 끝까지 평정을 유지하며 적절한 답변을 하였다.

귀하가 회사의 대표이거나 공공기관의 대표라면 어느 수험생을 택할 것인가? 아마도 B 수험생에게 높은 점수를 줄 것이다.

심층 면접에 대한 정답은 자신감이다. 면접관이 예상치 못한 질문을 했을 때 자신감과 인내심을 갖고 차분히 임하는 것이 중요하다.

수험생의 위기대처 방법, 반응하는 감정을 통해 그 사람의 내면을 검증하므로 심층 면접에서 당황하는 표정을 보이거나, 대답하지 않거나, 얼굴을 찌푸리거나, 일그러진 얼굴을 보이거나, 면접관의 의도에 휘말려 이성을 잃을 경우는 치명적이다.

따라서 평소에도 실전처럼 자신의 생각을 정리해서 논리적으로 응답하는 연습이 필요하며, 항상 냉정하고 침착하게 대처하는 모습을 습관화할 필요가 있다.

면접 18계명

06

동정심을 유발하지 마라

수험생 중에는 종종 어렵게 살아온 성장 과정을 이야기하거나 최종면접에서 수도 없이 탈락한 이야기, 시험공부를 10년 가까이 준비했다며 어려움을 토로하는 이들이 있다.

불우한 환경, 어려운 과정을 언급하는 것이 무조건 나쁘다고 볼 수는 없지만, 그러한 과정을 설명하며 자신도 모르게 복받치는 감정을 제어하지 못해 울먹이는 수험생도 있다.

그러나 최종면접까지 오면서 힘들게 준비하지 않은 수험생이 있겠는가?

다음에 제시한 사례를 보고 동정심을 유발하는 것이 과연 면접관의 마음을 움직여 고득점으로 연결되었는지 한 번 생각해 보자.

A 수험생은 마지막 1분 발언할 기회를 주자 다음과 같이 말했다. "면접관님, 저는 일찍 부모님을 여의고 혼자 벌어서 생활하였고, 돈이 부족하여 다른 수험생들처럼 학원에서 공부도 못했으며, 그저 이를 악물고 여기까지 왔습니다. 그래서 이번에는 꼭 합격해야 합니다. 아니, 합격하게 해주세요."라는 말을 하며 눈물을 흘리고 울먹였다.

B 수험생은 이렇게 말한다. "면접관님. 저는 이 직업을 얻기 위해 10년 동안 준비를 했으며 이번 면접이 일곱 번째입니다. 저를 믿고 기다려준 여자친구에게 이번에는 꼭 합격하여 결혼하자는 약속도 했습

니다. 이번에는 꼭 합격하게 해주십시오."라는 말을 하며 눈물을 흘리고 울먹였다.

C 수험생은 이렇게 말한다. "수없이 많은 고난과 역경을 극복하고 장기간 준비하여 여기까지 왔습니다. 꼭 좋은 결과를 얻어 제가 간절히 원하는 이 직업을 갖고 싶습니다. 감사합니다."라는 말을 할 뿐 눈물을 흘리거나 울먹이지는 않았다.

수험생의 부정적인 태도와 긍정적인 태도는 면접관의 이목을 집중시킨다.

　A 수험생에 대해서는 긍정적인 태도와 부정적인 태도가 공존한다. 면접관 중 일부는 "어렵게 공부하고 여기까지 왔으니까 후한 점수를 주자."는 의견을 냈고, 일부 면접관은 "냉정하지 못하고 울먹이는 사람이 과연 이 직업을 수행할 수 있을까?"라는 의견을 제시하며 물음표를 던진다.

　결국, A 수험생은 절반은 성공했고 절반은 실패했다.

　B 수험생은 어떨까? 면접관 중 일부는 "10년 동안 떨어졌으면 다른 직업을 준비하는 것이 낫지 않겠느냐."라는 의견을 냈고, 일부 면접관은 "10년 동안 좌절하지 않고 준비를 했으니 감정이 복받쳐 울만 하

다."며 고득점을 주자는 의견을 내기도 했다.

　B 수험생 역시 A 수험생과 같이 절반만 성공했다.

　C 수험생은 어떨까? 시험을 준비한 과정, 고난을 냉정하고 침착하게 이야기하며 보이지 않게 어필했고 울먹이지 않았으며 간절하게 이 직업을 원한다는 의견을 제시했다.

　이런 C 수험생의 태도에 대해 부정적인 의견을 제시한 면접관은 없었다.

면접 18계명

07

포기하지

마라

처칠이 옥스퍼드 대학에서 졸업식 축사를 하면서 처음부터 끝까지 했던 말은 "포기하지 마라. 절대로, 절대로, 포기하지 마라."였다. 현실은 끊임없는 자신과 싸움이며 수많은 도전과 수없이 많은 싸움을 한다.

싸움에서 승리하기도 하지만 패배하여 좌절을 겪기도 한다. 승리는 누가 하겠는가? 끝까지 포기하지 않고 오뚝이처럼 일어나 싸우는 자가 승리하는 것이다.

내가 간절히 원하는 직업이 있으면 포기하지 말고

떨어진 원인을 분석하고 보충한 후에 끊임없이 도전하는 것이다.

　필자가 면접관을 하면서 경험한 수험생 중 A 수험생은 9번 면접에서 떨어졌다. 그 수험생은 필기성적 등 모든 성적이 좋았으나 적성검사에서 우울증, 순간적인 화를 참지 못하는 경향 등이 복합적으로 나타나고 있었고, 면접을 통해 그러한 내용이 검증되어 계속 불합격을 경험해야 했다.

　B 수험생은 학창시절에 범법행위를 저질러 그로 인한 범죄경력으로 인해 수없이 떨어졌다.

　C 수험생은 학창시절 무단결석, 무단조퇴를 수없이 하여 면접에서 계속 떨어졌다.

A 수험생이 계속하여 도전하는 것은 나무랄 일이 아니다. 다만 면접에서 계속 떨어지는 경우 원인을 찾아볼 필요가 있다. A 수험생의 탈락 원인이 우울증이나 약한 인내심이라면, 우울증을 치료하고 인내심을 기르는 운동이나 각종 프로그램을 통한 치유를 한 후에 계속 도전한다면 면접시험을 통과할 확률이 높을 것이다.

B 수험생의 범죄경력이 집단적이고 죄질이 불량한 경우라면 계속해서 도전한다고 해도 면접을 통과하기가 어려울 것이다. 그러나 범죄경력이 누구나 할 수 있는 실수 또는 질풍노도의 시기에 탈선할 수 있었던 행위라 판단이 되고, 그 이후로 다른 위법행위를 한 사실이 없다면 B 수험생의 계속되는 도전에 탈락을 시키는 면접관이 있을까?

다만 그 이후로 꾸준히 모범적인 생활을 했다는 사실을 자소서나 경력 등을 통해 면접관에게 증명하고 어필할 필요가 있을 것이다.

C 수험생처럼 학창시절에 무단결석, 무단조퇴, 무단지각이 무수히 많은 경우, 면접관들 대부분은 공공기관이나 기업체에 근무해서는 안 되는 수험생이라 판단을 하게 되므로 면접에 합격하기가 쉽지 않다.

그러나 그 수험생이 그 이후 다른 기업체 등에서 3년 이상 근무하며 무단결석, 무단조퇴, 무단지각이 없었다는 사실이 확인되고, 학창시절에 한 무단결석 등에 정당한 사유가 있었던 사실이 확인된다면 계속되는 그 수험생의 도전에 찬사를 보내는 것이 맞고 면접에서 좋은 점수를 주는 것이 맞지 않을까?

면접 18계명

08

집단면접

집단면접은 면접관이 공채나 입사면접에서 다수의 수험생을 상대로 질문을 하거나 다수의 수험생에게 하나의 주제를 주고 토론하게 하면서 문제해결과정을 관찰하고 평가하는 상황면접 방식을 말한다.

　　보통 수험생 5~6명이 조를 이루고, 면접관 4~5명이 수험생 각자가 토론하고 주제를 발표하는 태도, 문제해결 능력 등을 지켜보고 때로는 토론 주제와 관련된 공통질문을 수험생 개개인에게 던져 수험생 각자를 검증한다.

다음 각 수험생 또는 지원자의 토론 내용을 보고 어떤 방법으로 집단면접에 응해야 높은 점수를 받을 수 있는지 생각해 보자. 공시족이 많은 점을 고려하여 주제는 「공권력의 현주소와 그 사례를 제시하고 공권력이 나아갈 방향을 제시하라」는 내용이다.

A 수험생은 "공권력을 행사함에 있어 인권이 중요하다. 과거 사례를 보면 과도한 공권력 행사로 인해 선량한 많은 시민이 희생되었고, 그로 인해 공권력이 약해지는 원인이 되었으므로 공권력에는 인권이 중요하다고 생각한다."라는 의견을 제시하였다.

B 수험생은 최근 ○○시에서 발생한 집단폭력을 예로 들면서 "소극적인 법 집행이 더 큰 피해를 불러왔고 그로 인해 시민의 많은 비난을 받았다. 따라서 법이 주어진 테두리 내에서 강하고 엄한 공권력의

집행이 필요하다."라는 의견을 제시하며 자신감이 넘치는 의견을 제시하였다.

　C 수험생은 "저도 B가 제시한 사례를 말씀드리고 싶고 공권력을 신중하게 집행하지 않으면 항상 비난과 문제가 따르므로 과도한 공권력은 행사하지 않는 편이 낫다."라는 의견을 제시하며 간단하고 소극적인 태도로 일관하였다.

　D 수험생은 ○○시에서 발생한 시위진압을 예로 들면서 숙련되지 않은 시위진압 방법, 메뉴얼의 부재를 문제점으로 지적하였고, 이에 대한 해결방안으로 반복된 훈련, 메뉴얼의 제정 등을 언급하면서 자신감에 찬 답변을 하였다.

　E 수험생은 "선진국일수록 법 집행이 엄격하다. 따

라서 다수의 시민을 위한 공권력이라면 약간은 과한 물리력이 행사되더라도 문제가 되지 않도록 법률이나 시스템을 개선하는 것이 필요하다."라는 의견을 제시하며 자신감이 떨어진 발표를 하였다.

A 수험생은 토론의 주제에 벗어난 인권을 언급하였다. 즉 동문서답을 한 것이다.

이에 반해 B는 주제에 맞는 실사례를 언급하였고 이에 대한 문제점, 공권력이 나아갈 방향에 대한 의견을 제시함으로써 주제에 맞는 답변을 하였다.

C 수험생은 B가 제시한 사례를 그대로 인용하였고 공권력이 나갈 방향으로 소극적인 법 집행을 제시하였다.

D는 토론 주제에 맞는 실사례를 언급하였고 이에 대한 문제를 언급하며 주제에 맞게 자신감이 넘치는 답변을 하였다.

E 수험생은 주제에서 벗어난 의견을 제시하였고 목소리도 작았으며 의견을 발표하는 태도 역시 소극적인 것으로 보였다.

계속되는 토론 상황에서 A 수험생은 3회, B 수험생은 7회, C 수험생은 1회 D, E 수험생은 각각 3회를 발표하였다.

B 수험생은 지적한 문제점이나 제시한 답변이 정확하기는 하였으나 너무나 많은 시간을 혼자 사용함으로써 상대방에 대한 배려가 부족하고 독선으로 흐를 여지를 주었다.

C 수험생은 단 1회만 이야기함으로써 면접관에게 소극적이고 자신감이 떨어진 인상을 심어 주었다.

결국 D가 최고득점을 받았다.

편안한 답변이나 쉬운 답변보다는 제시한 문제를 정확하게 파악하여 제시된 문제에 적합한 답변을 하되 수험생의 생각을 논리적으로 표현하는 것이 중요하며 소극적인 태도와 말끝을 흐리는 답변은 피하는 것이 좋다.

　　다른 수험생을 위해 시간이나 횟수를 적절하게 행사하는 것도 중요하다.

면접 18계명

09

개별면접

개별면접은 수험생이나 지원자 개인에게 지원동기, 살아오면서 어려웠던 점, 좌우명, 수험생이나 지원자의 장점, 단점, 가장 기뻤던 일, 가장 슬펐던 일 등이나 지원하는 분야에 대한 세부적인 질문을 한 후 이에 대한 위기 대처능력, 순간적인 판단력 등을 검증하는 것을 내용으로 한다.

면접관은 대체로 사전에 준비된 주제나 가이드라인에 따라 질문을 하지만 일정한 형식이나 절차에 얽매일 필요는 없으며, 수험생이 생각하고 있는 자유롭고 깊이 있는 의견을 청취하기 위하여 주제와 관련되지 않은 자유롭고 다양한 질문을 깊게 던질 수 있다.

특히 수험생이 제출한 자소서나 면접일에 짧은 시간을 주고 작성하게 한 내용을 근거로 과거의 경험에 대해 심도 있는 질문을 하며 수험생을 검증하게 된다.

반면 수험생은 정형화된 질문이나 예상치 못한 질문에 대해 자기가 알고 있는 지식이나 자신의 생각을 마음껏 말할 수 있을 것이다.

그러면 A 수험생의 개별면접 중 일부 사례에 대해 살펴보고 적절한 대응방안을 모색해 보자.

A 수험생을 상대로 지원동기를 묻자 "평소에 누군가를 위해 봉사했던 기억이 있었고 그 기억이 너무

좋아 봉사할 수 있는 직업을 찾던 중 공무원이라는 직업이 매력이 있다고 생각되어 여기에 오게 됐다." 라는 답변이 나왔다. 그러자 면접관으로부터 후속 질문이 이어진다.

> 면접관 : 조금 전 봉사했던 기억이 있었다고 했는데, 어디에 있는 어떤 단체에서 봉사했으며 언제부터 언제까지 봉사했고 봉사했던 단체 이름은 어떻게 되나요?

> 수험생 : ○○시에 있는 ○○요양원에서 봉사했고, 봉사 기간은 ××일부터 ××일까지였으며, 봉사시간은 하루에 2시간이었습니다.

> 면접관 : 봉사단체의 대표자는 누구였고 봉사활동은 어떻게 했나요?

수험생 : (순간 당황하며) 봉사단체 대표자는 모르겠고 봉사활동 내용은 노인분들을 상대로 목욕을 시켜주는 것이었습니다.

면접관 : 하루에 몇 분의 노인을 목욕시켜줬고 그분들의 성함은 무엇이었나요?

수험생 : (당황하며) 성함은 기억하지 못하고 한번 가면 세 분 정도 목욕을 시켜줬던 기억이 있습니다.

면접관 : 한 분을 목욕시키는데 소요시간은 얼마나 되나요?

수험생 : 한 시간 정도 걸립니다.

면접관 : 세 분이면 3시간인데… 조금 전 하루에 2시간씩 봉사를 했다고 했죠? 이게 어떻게 된 것이죠?

수험생 : (얼굴이 빨갛게 변하고 답변을 하지 못한다)

이상의 예시에서 보듯 A 수험생은 답변을 제대로 하지 못했거나 봉사에 대한 거짓된 예시를 제시한 것으로 볼 수 있으며 면접관의 집요한 질문에 수험생의 숨겨진 참모습이 확인된 것을 볼 수 있다.

따라서 수험생은 자기소개에 대한 질문에 대비해 완벽한 준비를 해야 하고, 돌발적인 질문에도 자신의 생각을 명확한 근거에 따라서 정직하고 논리정연하게 답변하는 것이 좋다. 거짓된 사례로 자신을 포장하다 보면 낭패를 당할 수 있음을 명심하자.

면접관에게

면접 18계명

10

얼굴은
말한다

중국 당나라 때부터 전해 내려오는 신언서판(身言書判)이라는 고사성어가 있다. 그 시절 관리를 채용할 때 사용한 인재평가의 기준이며 조선 시대에도 중요한 고급인재를 선발하는 과거시험이나 어떤 사람을 평가하는 기준으로 신언서판을 참고하였으며 오늘날에도 직접 또는 간접적으로 사용하는 고사성어이다.

신(身)이란 드러나 보이는 사람의 옷차림이 단정한지, 용모는 깔끔하고 단정하게 했는지 등을 말하고,

언(言)은 정확하고 논리정연하게 의사를 전달하는 능력, 적당한 톤과 정확한 발음 즉 말을 잘하는 능력이 있는가를 뜻하며,

서(書)는 그 사람의 필체가 좋은지 나쁜지 띄어쓰기는 잘하는지, 표준어를 사용하고 있는지, 필력이 있는지를 의미하고,

판(判)은 그 사람의 순간적인 판단력, 사고력이 옳은가를 의미한다.

수험생이 들어오면 풍채와 용모, 즉 이마, 머리, 귀, 눈이 정상적으로 자리 잡고 있는지, 체형은 넉넉한지 등 첫인상을 보고 질문을 통한 답변을 통해 그 수험생의 마음을 읽게 된다.

수험생의 첫인상에서 그 사람이 회사나 공공기관을 위해서 헌신할 인상인지, 조직의 구성원과 잘 융화가 될 것인지, 회사 공금을 횡령할 사람은 아닌지를 식별해 내야 한다.

근래에는 눈썹 문신이나 얼굴 성형을 하고 면접에 임하는 사람이 많아 인상만으로 조직에 적합한 인재를 찾아내기가 갈수록 어려워지고 있다. 어떤 면접관은 인상만으로 그 사람을 판단하는 것은 아주 위험하므로 인상을 보고 인재를 선발해서는 안 된다는 의견을 제시하지만, 조금 전 앞에서 설명한 신언서판이 그렇고 과거 제갈공명이 항상 반대만 일삼고 불평불만이 많았던 '위연'을 중용하지 않았던 사실을 어떻게 설명할 것인가?

다음 각각의 수험생에 대한 인상을 보고 여러분

이 면접관이라면 조직에 적합한 인재로 어떤 수험생을 선발할 것인지 생각해 보자.

A 수험생이 들어온다. 머리로 이마와 귀를 가렸고 복장도 단정하지 않으며 표정이 어둡다. 면접관이 질문을 던지자 자신 없는 답변을 한다.

B 수험생이 들어온다. 머리를 잘 손질하여 이마와 양쪽 귀가 선명하게 드러났고 단정한 복장에 밝은 표정이나 면접관의 질문에는 자신 없는 답변을 한다.

A 수험생, B 수험생 모두 자신 없는 답변을 하였지만 B 수험생의 첫인상이 좋았고 이로 인해 좋은 점수를 받을 것이다.

이마, 코, 입술, 귀가 비율에 맞게 자리 잡고 있어야 한다. 이마는 높되 너무 튀어나오지 않아야 하고, 눈썹은 진하되 눈을 덮어야 하며 눈은 가늘고 길게 뻗어 나가야 한다. 코는 쭉 뻗어 나가되 각이 지면 안 되며 코끝이 넉넉해야 하고 콧방울은 너무 커도 너무 작아도 좋지 않다. 인중은 선명하고 입술은 길고 두툼해야 한다. 광대뼈는 적절하게 나오되 횡골이 되면 안 되고, 귀는 정면에서 봤을 때 두툼하고 귀 내부가 보이지 않아야 한다.

하지만 제일 중요한 것은 생김새보다도 얼굴에서 나오는 빛깔과 마음이 따뜻해야 한다는 것이다. 따라서 면접자 혹은 지원자의 경우 평소에 얼굴빛이 우울해 보인다거나 어둡다는 말을 듣고 있다면 매일 거울을 보고 웃는 모습, 밝은 모습이 보이도록 노력해야 할 것이다.

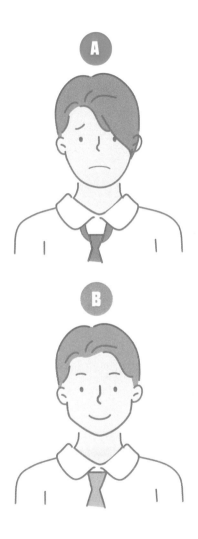

면접 18계명

11

서두르지

말고

꼼꼼히

살펴라

현대사회는 출근하는 아침부터 퇴근하는 시간까지 바쁘게 움직인다. 어쩌면 커피 한잔을 마실 여유도 없이 살아가는지도 모른다.

"서두르면 일을 망친다."라는 서양속담이 있고, 노자(老子)는 이런 말을 했다. "회오리바람은 한나절을 불지 못하고 소나기는 하루를 내리지 못한다. 키가 크게 보이려고 발뒤꿈치를 들어 올리는 사람은 똑바로 설 수 없고 바쁘게 가려고 성큼성큼 걷는 사람은 멀리 가지 못한다."

서양속담과 노자의 명언은 현대를 사는 우리에게

많은 생각을 하게 해준다. 면접관은 제한된 짧은 시간 내에 수험생의 내면이나 감춰진 습성, 지식 등을 파악하여 그 수험생이 해당 조직에 적합한 인재인지를 판단해야 한다.

면접관의 성급함으로 인한 잘못된 판단은 해당 기관을 망하게 할 수도 있고 홍하게 할 수도 있기 때문이다.

면접관들은 이런 말을 종종 하기도 한다. 면접자에게는 공통된 주제로 질문을 하는 것이 맞으며, 심기를 불편하게 하거나 감정을 상하게 하는 질문을 해서는 안 되고, 질문 시간도 같게 주어야 한다. 그렇지 않으면 면접이 끝난 후 해당 수험생이 SNS나 면접을 본 해당 기관 게시판에 불평 등을 이유로 항의를 한다는 것이다.

필자는 위 주장에 동의하지 못한다. 공통된 주제를 사용하는 것도 좋을 수 있으나 수험생마다 다른 특성이 있을 수 있으므로 그 수험생에게 적합한 질문을 던지는 것이 중요하고, 때로는 심기를 불편하게 하거나 감정을 상하게 하는 질문을 하는 것이 효과적일 수 있다. 그래야 그 수험생의 감춰진 마음을 볼 수 있고 황당한 상황에 대처하는 능력을 볼 수 있기 때문이다.

보통 기업체도 그렇고 공공기관의 면접도 그렇고 제한된 시간 내에 면접관이 많은 수험생을 상대해야 하며 그 시간 내에 면접을 마무리해야 하는 부담을 갖는다. 시간에 쫓기므로 심도 있는 질문을 할 시간이나 인성을 판단할 수 있는 시간이 절대적으로 부족하다.

어쩌면 부족한 시간과 면접 후 수험생들의 면접관에 대한 비판이 두려운 나머지 전형적인 질문과 소극적인 질문으로 일관하여 그 기관에 적합하지 않고 인성이 좋지 않은 수험생을 거르지 못하고 있는지도 모른다.

피터 드러커는 "채용에 5분을 들인다면 그 직원이 일으킨 사고를 수습하기 위해서 5,000시간을 들여야 한다."라고 주장했다. 이렇듯 짧은 면접은 많은 위험성을 내포하고 있다는 것이다.

수험생 한 명 당 최소 30분 정도의 시간을 줘야 하지 않을까? 그래야 서두르지 않고 수험생이 제출한 경력이나 자격증 등을 꼼꼼하게 검증할 수 있고, 수험생이 감추고 있는 추상적인 속 부분을 밖으로 끌어내어 확인함으로써 해당 기관에 적합한 인재를 선발할 수 있을 것이다.

　그러나 현실은 수험생 한 명에게 너무나도 짧은 면접시간을 부여하고 있다. 비록 짧은 시간이지만 서두르지 말고 꼼꼼히 살피는 송곳 검증을 하여 당해 채용기관에 적합한 수험생을 선발하는 것이 면접관이 해야 할 책무이다.

면접 18계명

면접 18계명

12

손, 발, 표정은 진실을 알려준다

필자가 수사부서에 근무하면서 조사했던 사기범 중 대부분은 언변이 뛰어나고 답변을 논리적으로 했으며 깨끗한 복장에 고급차량을 운행하고 다녔다.

　　만약에 그들이 수험생으로 면접에 임하게 된다면 그들을 걸러낼 수 있는 면접관은 몇 명이나 될까? 아마도 수험생 중에 그들이 있다면 그들을 걸러내는 면접관을 찾아보기가 상당히 어려울 것이다.

　　전문적인 사기꾼을 제외하고 보통사람이 거짓말을 하게 되면 손이나 발에서 미세한 떨림이 감지된다. 눈을 자주 깜박이거나 질문자가 물어보는 질문과 다른 답변을 하기도 하며 때로는 얼굴색이 변하기도 한다.

위와 같이 얼굴이나 몸에서 나타나는 현상, 특히 얼굴에 나타나는 미세한 떨림을 감지하고 그 틈을 파고들어 진실을 밝혀낸다는 것은 굉장히 어려운 일이며 하루아침에 습득할 수 있는 기술도 아니다. 다만 주어진 조건에서 최선을 다한다면 가능성이 없는 것도 아니다.

다음에 제시한 사례를 보면서 어떻게 면접을 해야 할지를 고민해 보자.

A 수험생에 대해 면접관이 집중적인 질문을 하자 그 수험생은 계속하여 답변에 응하면서도 얼굴이 약

간 상기되고 눈을 깜박이고 다리를 약간 떨면서 답
변에 응하고 있다. 질문에 대한 답변도 거짓인 것으
로 보인다.

B 수험생은 면접관의 집중적인 질문에 대해 적절
한 답변을 하면서도 표정에 변화가 전혀 없고 손을
떤다거나 발을 떠는 증상도 없다. 그러나 면접관의
질문에 대한 답변은 거짓인 것으로 보인다.

결과적으로 A, B 수험생은 모두 거짓된 답변을 하
였으므로 면접에서 좋은 점수를 부여해서는 안 되
고 심한 경우 탈락시키는 것이 면접관을 불러준 해
당 기관의 기대에 부응하는 것일 것이다.

하지만 수험생 B는 완벽하게 면접관을 속이는 것
에 성공했으므로 최종면접에서 고득점을 얻어 채용
되게 될 것이다.

위 사례에서 보듯 완벽하게 면접관을 속이는 것에
성공한 B도 분명히 면접관을 속였으므로 얼굴 어느
한 부분에서 미세한 떨림이 발견되었을 것이다. 그
러한 미세한 떨림을 찾아내는 면접관이 유능한 면
접관이다.

면접 18계명

13

말을 잘하지 못하면 인재가 아닐까?

수많은 수험생을 상대하다 보면 인상이 정말 좋고 풍채도 좋은 수험생이 있다. 그런데 다른 사람들 앞에 서면 몸과 마음이 얼어서인지 면접관이 물어보는 질문에 답변하지 못하고 더듬거리며 떨고 있어 안타까울 때가 있다.

그 수험생에게 너무 긴장하지 마라, 심호흡하고 천천히 침착하게 답변을 하면 된다는 말을 한 후 심호흡을 주문, 그대로 실행에 옮기게 하고 답변을 들으려 했으나 처음하고 변한 것이 없었다. 하지만 그 수험생은 마음이 선하고 착해 보였다.

그 수험생에게 왜 그렇게 떠냐고 질문하자 "너무나 긴장되면 나도 모르게 버벅댑니다. 학교 다닐 때, 다른 곳에서 발표할 때는 이렇게까지 떨거나 버벅대지 않았는데 유독 면접만 하러 오면 이렇습니다. 나도 왜 이렇게 되는지 알 수 없습니다."라는 답변을 하였다.

면접관의 입장에서 봤을 때 이런 수험생을 채용하는 것이 나을까? 아니면 떨어뜨리는 것이 나을까? 당신이 면접관이라면 어떻게 할 것인가?

우선 이 수험생의 말대로 1:1 대화를 하면 잘할 수 있으나 대중 앞에 서기만 하면 제대로 된 표현을 하지 못하는 습성이 있는지를 판단해봐야 한다. 대중 앞에서만 제대로 된 표현을 하지 못한다면 많은 대중이 지켜보는 자리에서 발표 연습을 많이 해보도록 조언해주는 것도 괜찮을 것이다.

간혹 최종합격에서 수없이 떨어진 수험생 중 자신이 면접에서 왜 낮은 점수를 받았는지, 왜 떨어졌는지 그 원인도 모른 채 계속하여 면접시험에 응시하고 있는 경우가 있기 때문이다.

위 수험생의 경우 부단한 연습을 통해 대중 앞에서 떠는 증상을 극복한다면 마음이 착하고 인상이 선하기 때문에 면접에서 고득점을 얻을 수 있을 것으로 보인다. 만약 수험생의 증상이 해당 기관에서 업무를 수행함에 문제가 없다면 채용을 해도 무방할 것으로 보인다.

수험생이 응시한 기관이 대중 앞에서 떠는 증상을 극복해야 하는 직업이고, 부단한 연습으로도 극

복이 되지 않는다면 과감하게 그 직업은 포기하도록 계속하여 떨어트리는 편이 낫다.

이렇듯 수험생에게 어떤 단점이 있다고 해서 해당 기관에 무조건 적합하지 않은 인재라고 단정하는 것은 위험하므로 사안에 따라 달리 판단할 필요가 있다는 것이다.

면접 18계명

14

과거의 한차례 실수로 모든 것을 판단할 수 있을까?

최종면접에 응시한 대상자 중에는 과거 잘못된 판단으로 인해 형사 처벌받은 수험생이 있고 교통법규를 위반하여 여러 번 범칙금 통고서를 받은 수험생도 있다.

그런가 하면 학창시절에 무수히 많은 무단결석, 무단조퇴, 무단지각을 했던 수험생도 있다.

요즘 웬만한 기업체나 기관에서는 근로자를 채용할 때 그 사람의 범죄경력을 요구한다거나 학교 다닐 때 성실함을 보고자 생활기록부를 요구하기도 한다.

블라인드 면접이 대세라고는 하나 여전히 채용할 때 이와 같은 자료를 요구하는 것을 보면 블라인드 면접만으로는 그 사람의 습성이나 자라온 환경을 파악하기 어렵기 때문일 것이다.

앞에서 예시한 수험생에 대한 면접관들의 생각은 어떨까? 천성이나 습성은 고치기 어렵다는 이유로 대부분 최종면접에서 탈락시키거나 낮은 점수를 줄 것이다.

물론 천성을 고치기는 어렵다는 것이 세상을 오래 살아온 어른들의 견해이며 관상가들의 이론이기도 하다. 그러나 그 천성을 고치려고 부단히 노력한다면 바꾸기는 어려워도 어느 정도 고쳐질 수는 있을 것이다.

앞에서 언급한 부류에 속하는 수험생 중에 과거에는 그랬지만 부단한 노력을 하여 나쁜 습관을 고친 수험생이 있고 그 수험생이 타의 추종을 불허하는 실력을 갖추고 있다면 어떡할 것인가?

다음에 제시한 사례들을 보고 채용하는 것이 맞는지 탈락시키는 것이 맞는지 생각해 보도록 하자.

A 수험생은 과거 한순간의 실수로 인해 위법행위를 하였고 그로 인해 형사 처벌받은 전력이 있다. 학창시절에 잠깐 방황하며 일탈했던 것이고 그 후로는 다른 위법행위를 한 사실은 없으며 조그만 기업체에 취직하여 약 3년 동안 성실히 근무했다는 확인서를 제출하였다. 인상이 무난하고 답변하는 태도나 목소리도 힘이 있다.

B 수험생은 학창시절에 위법행위를 하여 처벌받은 전력이 있고 그 후로도 수시로 위법행위를 한 사실이 확인되고 있으며 특히 회사 공금을 횡령한 전력도 있다. B 수험생의 인상은 무난하고 답변하는 태도가 좋고 목소리도 힘이 있다.

면접관 대부분은 조금의 흠도 없는 수험생이 넘쳐나기에 A, B 수험생에 대해 좋은 점수를 주지 않을 것이다. 다만 A 수험생의 경우 과거 좋지 않은 전력이 있었으나 그 후로 위법행위 없이 성실히 근무한 사실이 확인된다면 좋은 점수를 주어도 괜찮을 것이다.

면접 18계명

15

수차례 무단결석 등은 적합한 인재상이 아닐까?

다음 A, B 수험생에 대한 사례를 살펴보고 면접
관으로서 어떠한 평가를 하는 것이 맞는지 생각해
보자.

　A 수험생은 "학창시절에 무단결석, 무단조퇴, 무단
지각을 한 사실이 30회 있으나 이에 대해 반성한다."
라고 하였다.

　무단결석 등을 한 사유가 "담임선생님이 이유 없
이 폭행하여 그런 것이며 아직도 당시 담임선생님에
게 감정이 남아 있다."라는 답변을 하였고, "사회생

활을 하면서 무단결근 등이 없이 성실히 근무했다."
라며 확인서를 제출하였다.

　누군가를 원망하는 눈빛이 남아 있으나 답변하는
태도나 목소리는 좋다.

　B 수험생은 학창시절 무단지각과 무단결석이 있으
며 특히 고3 수능이 끝나면서 30회에 가까운 무단
결석, 무단조퇴, 무단지각이 있다.

　이에 대한 수험생의 답변은 수능이 끝나면 학교에
출석하지 않아도 되는 것으로 오인하여 무단결석
등을 했다고 했고, 군 생활과 사회생활을 하면서 성
실성을 인정받아 포상도 받았고 결근, 조퇴, 지각은
한 번도 하지 않았다는 입증자료를 제출하였다.

　면접관 대부분은 A, B 수험생에 대해 좋은 점수

를 주지 않을 것이다. 다만 B 수험생의 경우 과거 좋
지 않은 전력이 있었다. 하지만 그 후로 위법행위 없
이 성실히 근무한 사실이 확인된다면 좋은 점수를
주어도 괜찮을 것이다.

면접 18계명

16

이성을
잃게 하라

면접을 앞둔 수험생의 대부분이 면접에 임하기 전 면접학원에 등록해 면접 시 물어보는 채용 분야 관련 지식이나 인성 관련 질문 등에 무수히 많은 예행연습을 하고, 걸음걸이나 인사하는 방법 등 면접 태도에 대해서도 반복교육을 받은 후 면접에 임하는 것이 현실이다.

이러한 이유로 면접에 주어진 짧은 시간 안에 그 사람의 인성이나 채용기관에 적합한 인재인지를 가려낸다는 것 자체가 갈수록 어려운 일이 되고 있다.

필자가 공직생활을 하는 동안 느꼈던 점은, 한번 채용이 된 직원은 신분보장이 되므로 특별히 직무를 수행할 수 없는 능력, 예를 들면 거동을 할 수 없는 상태가 되거나 업무를 볼 수 없을 정도의 신체적 결함이 생기지 않는 한 그 사람의 의사에 반해 퇴직시킬 수가 없다는 것이다. 물론 사기업의 경우는 예외가 될 수도 있겠다.

면접에서 배제되어야 할 자는 대체로 다음과 같다.

업무는 게을리하면서 매사에 불평불만만 늘어놓는 자, 업무 자체를 하지 않고 다른 직원의 실적에 편승하여 무임승차하는 자, 시민에게 불친절하며 군림하려는 자, 정당한 업무지시에도 불구하고 이행을 하지 않는 자, 직원들을 이간시키면서 내부 분열을 시도하는 자, 열심히 하는 직원에게 "뭐 하러 열심히 하냐"라고 핀잔을 주면서 직무 의욕을 상실시키는 자, 직무를 개인 돈벌이의 수단으로 생각하고 부정과 결탁하는 자, 직무 수행 중 자살하는 자, 공금을 횡령하는 자, 구성원과 화합하지 못하는 자 등이다.

이러한 수험생을 면접에서 걸러주는 것이 면접관의 역할일 것이다.

누군가 지켜보는 상황, 즉 보이는 곳에서의 행동은 대체로 바르고 착하다. 특히 면접에 임하는 수험생들은 대부분 그럴 것이다. 보이지 않는 곳에서도 보이는 것과 똑같이 행동하는 사람인지, 다르게 행동하는 사람인지를 구별해 보고 싶다면 그 수험생을 화나게 하거나 당황하게 만들어 보는 것이 좋다.

화가 났을 때 그 수험생의 진면목을 볼 수 있고, 당황하게 만들었을 때 그 수험생이 어떻게 대응하는지를 볼 수 있다.

수험생이 제출한 서류상의 업적이나 수험생이 자랑삼아 얘기하는 경험담, 봉사활동을 한 내력, 이성 친구 이야기 등 수험생에 대한 모든 자료를 염두에 두고 황당한 질문을 통해 그 수험생이 이성을 잃을 정도로 화를 내게 만들거나 당황하게 만드는 것도 면접관이 해야 할 일이다.

틀에 박힌 질문이나 시간을 때우는 면접은 채용하고자 하는 기업이나 공공기관에 전혀 도움이 되지 못하고 하나 마나 한 면접이 된다는 사실을 알아야 한다.

다만 수험생을 상대로 질문을 할 때는 품위를 유지하고 온화한 모습으로 질문을 하는 것이 중요하며 선입견은 가지지 않는 것이 좋다.

면접 18계명

17

긴 답변을
유도하라

시험에 주관식을 두는 이유는 객관식에서는 확인이 되지 않은 수험생의 지식이나 생각을 서술하게 하고 이를 통해 수험생의 사고력이나 논리력을 확인하려고 하는 것이다.

예를 들어 수험생이 아름답고 낭만적인 도시를 여행한 사실이 있다고 했을 때 "그곳이 좋았던 이유는 무엇이었나요?", "그곳이 나빴던 이유는 무엇이었나요?"라는 질문을 하고 거기에 대한 긴 답변, 즉 개방적인 답변을 유도하는 것이 좋다. "예." 또는 "아니요."라는 답변만으로는 그 수험생의 실체를 알기가 어렵다.

　물론 현실적으로 수험생 한 명당 너무나도 짧은 면접 시간을 주면서 합격해서는 안 될 수험생을 걸러 내라고 하는 부분에 근본적인 문제가 있다.

　하지만 유능한 면접관은 그 짧은 시간에 수험생의 외면과 내면을 간파하여 채용하고자 하는 조직에 꼭 필요한 인재만을 선발하고 그 조직에 도움이 되지 못할 것 같은 수험생을 선별하여 합격이 되지 못하게 하는 면접관일 것이다.

　따라서 면접관은 수험생을 상대로 될 수 있으면 짧은 질문을 통해 긴 답변을 유도하고, 그 답변을 통해 수험생이 합격하고자 하는 기관에 적합한 인재인지를 판단해야 할 것이다.

면접 18계명

18

마음을
읽어라

현대사회는 외모지상주의에 빠져 있다고 해도 과언이 아니다. 얼굴을 고치는 성형외과가 난립하고 있고 성형 비용 또한 기하급수적으로 증가하고 있다. 이제는 성형한 얼굴이 비슷비슷하여 얼굴만으로 그 사람이 누구인지를 식별하기도 어렵다.

몸과 외모는 수려하나 마음이 악한 사람이 있을 수 있고 몸과 외모는 수려하지 않으나 마음이 선하고 착한 사람이 있을 수 있다. 선하고 능력 있는 사람으로 위장한 악한 사람을 찾아내는 것은 사막에서 바늘을 찾는 것만큼 굉장히 어려운 일일 것이다.

A 수험생은 얼굴이 빼어나고 인품도 훌륭해 보이지만 마음이 음흉하고 악랄하며 양보와 타협을 모르는 사람이다.

B 수험생은 얼굴이 빼어나지 못하나 인품이 훌륭하고 마음이 선하며 양보와 타협을 할 줄 아는 사람이다.

이런 경우 A, B 수험생 중 B 수험생을 선발하는 것이 해당 기관에 도움이 됨은 말할 필요가 없으나, 어떻게 B 수험생을 찾아낼 수 있느냐는 것이 문제다.

면접관은 10챕터에서 설명한 신언서판을 잘 이해하고 이를 통해 수험생을 검증해야 하며, 결코 선입견을 가져서는 안 된다.

수험생에 대한 지식이 검증된 상태라면 다음과 같은 점을 염두에 두고 면접에 임하는 것이 좋다.

① **수험생의 인상이 채용하고자 하는 회사에 적합한 인상인가?**
② **얼굴에서 나오는 기운이 밝고 온화한가?**
③ **답변하는 목소리가 우렁차고 힘이 있는가?**
④ **선하고 바른 마음을 가지고 있는가?**

굳이 위 항목들을 점수로 순위를 매긴다면 ①번 항목 10점 ②번 항목 10점 ③번 항목 10점 ④번 항목 70점이 될 것이다.

인간은 때로는 선하고 때로는 악한 사람, 죽을 때까지 악행을 일삼는 사람, 죽을 때까지 선한 일만 하는 사람 등 다양한 부류가 있다. 인재를 채용할

때 얼굴보다는 마음을 읽고 판단하는 것이 가장 중
요한 이유이기도 하다.

맺음말

이상으로 필자가 경찰에서 수사관 생활을 하면서 조사할 당시 조사대상자를 보고 느꼈던 점, 면접관으로서 면접을 진행하면서 느꼈던 점, 관상을 연구하면서 배우고 경험한 내용, 사람의 음성을 들으면서 느꼈던 점을 통해 깨달은 내용을 간략하게 정리해 보았다.

본서에서 언급한 내용 등이 면접에서 절대적인 법칙이 될 수는 없다. 어디까지나 대체로 그렇다는 것이다.

조건이 부족하고 실력이 모자란다고 하여 누구를 원망하거나 한탄하지 마라.

포기하지 않고 끝까지 노력하면 부족한 부분이 채워지고 마침내는 원하는 바를 얻을 수 있는 것이다.

겨울이 오면 봄이 오고, 봄이 오면 여름이 오고, 여름이 오면 가을이 오듯 우리의 삶이나 목표 역시 부족할 때도 있지만 때로는 부족한 부분이 채워지기도 한다.

미흡하나마 본서를 참고하여 채용기관에 적합한 인재가 되도록 노력하고, 또한 유능한 면접관이 되었으면 하는 바람이다.

면접 18계명